오직
하나님만 섬기는
우리 집

우리 가족 _____ 번째 기도·감사 노트

가족 이름 : _____

오직 나와 내 집은 여호와를 섬기겠노라 _수 24:15

이 책의 활용법

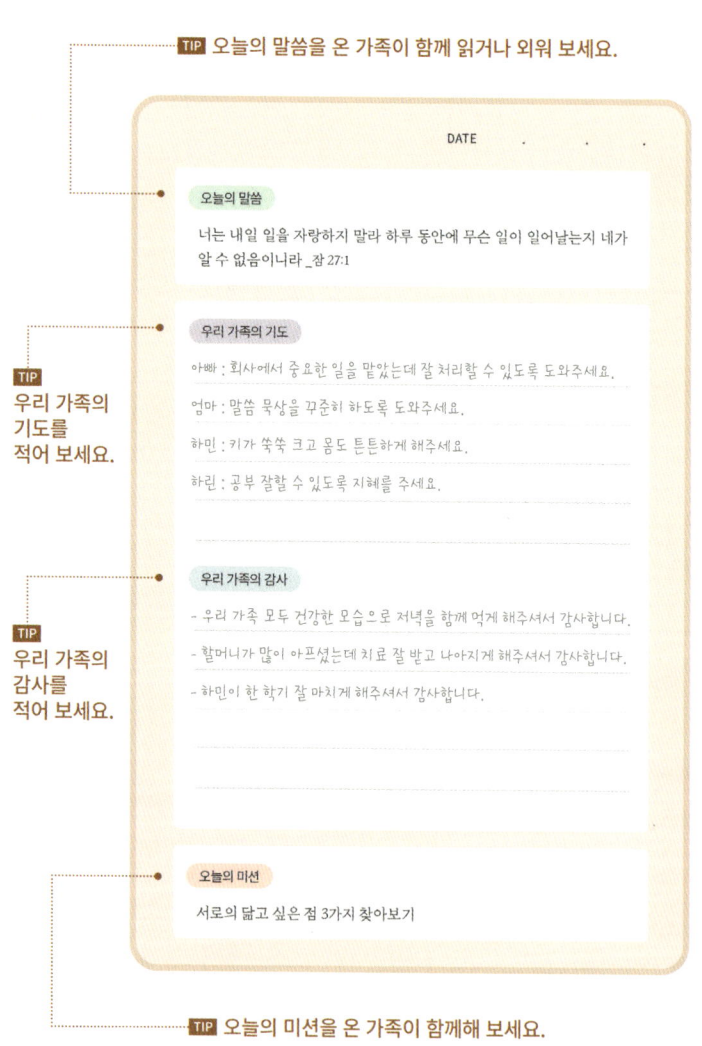

TIP 오늘의 말씀을 온 가족이 함께 읽거나 외워 보세요.

TIP
우리 가족의
기도를
적어 보세요.

TIP
우리 가족의
감사를
적어 보세요.

DATE . . .

오늘의 말씀

너는 내일 일을 자랑하지 말라 하루 동안에 무슨 일이 일어날는지 네가 알 수 없음이니라 _잠 27:1

우리 가족의 기도

아빠 : 회사에서 중요한 일을 맡았는데 잘 처리할 수 있도록 도와주세요.

엄마 : 말씀 묵상을 꾸준히 하도록 도와주세요.

하민 : 키가 쑥쑥 크고 몸도 튼튼하게 해주세요.

하린 : 공부 잘할 수 있도록 지혜를 주세요.

우리 가족의 감사

- 우리 가족 모두 건강한 모습으로 저녁을 함께 먹게 해주셔서 감사합니다.
- 할머니가 많이 아프셨는데 치료 잘 받고 나아지게 해주셔서 감사합니다.
- 하민이 한 학기 잘 마치게 해주셔서 감사합니다.

오늘의 미션

서로의 닮고 싶은 점 3가지 찾아보기

TIP 오늘의 미션을 온 가족이 함께해 보세요.

TIP 우리 가족, 자녀를 위한 기도를 함께 읽고 기도해 보세요.

서로 의지하고 격려하는 가정이 되게 하소서

저희 가운데 계시는 하나님!
하나님이 중심이 된 저희 가정이 행복한 관계를 이루게 하소서.
서로 우애하며 사이좋게 지낼 수 있도록 하소서.
서로 사랑하고 이해하며 존경하기를 먼저 하게 하소서.
서로 비교하거나 다투지 않게 하시고,
서로 연합할 줄 알고 사랑으로 의지하고 격려하며 힘을 얻게 하소서.
서로의 장점을 진심으로 칭찬하며, 성공에 함께 기뻐하고,
실패에 깊이 격려하며, 실수를 솔직하게 시인하고
용서받을 수 있게 하소서.
떨어져 있을 때 서로를 그리워하고, 모일 때마다 함께 즐거워하며,
아름답고 선하신 하나님의 뜻을 이루기 위해 힘을 모으게 하소서.
예수님의 이름으로 기도드립니다. 아멘.

"보라 형제가 연합하여 동거함이 어찌 그리 선하고 아름다운고"
_시 133:1

이 책에 실린 모든 기도문은 한기채 목사님의
「자녀축복기도문」, 「태아축복기도문」에서 발췌했습니다.

DATE   .   .   .

오늘의 말씀

너는 내일 일을 자랑하지 말라 하루 동안에 무슨 일이 일어날는지 네가 알 수 없음이니라 _잠 27:1

우리 가족의 기도

우리 가족의 감사

오늘의 미션

서로의 닮고 싶은 점 3가지 찾아보기

DATE   .   .   .

오늘의 말씀

내 평생에 선하심과 인자하심이 반드시 나를 따르리니 내가 여호와의 집에 영원히 살리로다 _시 23:6

우리 가족의 기도

우리 가족의 감사

오늘의 미션

5초간 서로 안아 주기

DATE . . .

오늘의 말씀

우리가 선을 행하되 낙심하지 말지니 포기하지 아니하면 때가 이르매 거두리라 _갈 6:9

우리 가족의 기도

우리 가족의 감사

오늘의 미션

갈라디아서 5장 22-23절을 읽고 각자 맺고 싶은 성령의 열매 나누기

DATE   .   .   .

오늘의 말씀

어떤 사람은 병거, 어떤 사람은 말을 의지하나 우리는 여호와 우리 하나님의 이름을 자랑하리로다 _시 20:7

우리 가족의 기도

우리 가족의 감사

오늘의 미션

기도하고 싶은 사람을 정해 함께 기도하기(이웃, 가족, 친구)

DATE   .   .   .

오늘의 말씀

내가 여호와를 항상 내 앞에 모심이여 그가 나의 오른쪽에 계시므로 내가 흔들리지 아니하리로다 _시 16:8

우리 가족의 기도

우리 가족의 감사

오늘의 미션

눈을 마주보고, 손을 잡고, 안아 주며 "사랑해", "축복해"라고 말하기

DATE   .   .

오늘의 말씀

인내를 온전히 이루라 이는 너희로 온전하고 구비하여 조금도 부족함이 없게 하려 함이라 _약 1:4

우리 가족의 기도

우리 가족의 감사

오늘의 미션

각자 좋아하는 말씀 정해서 함께 암송하기

DATE   .   .   .

오늘의 말씀

그가 너로 말미암아 기쁨을 이기지 못하시며 너를 잠잠히 사랑하시며 너로 말미암아 즐거이 부르며 기뻐하시리라 _습 3:17

우리 가족의 기도

우리 가족의 감사

오늘의 미션

서로의 얼굴 그려 주기

서로 의지하고 격려하는 가정이 되게 하소서

저희 가운데 계시는 하나님!
하나님이 중심이 된 저희 가정이 행복한 관계를 이루게 하소서.
서로 우애하며 사이좋게 지낼 수 있도록 하소서.
서로 사랑하고 이해하며 존경하기를 먼저 하게 하소서.
서로 비교하거나 다투지 않게 하시고,
서로 연합할 줄 알고 사랑으로 의지하고 격려하며 힘을 얻게 하소서.
서로의 장점을 진심으로 칭찬하며, 성공에 함께 기뻐하고,
실패에 깊이 격려하며, 실수를 솔직하게 시인하고
용서받을 수 있게 하소서.
떨어져 있을 때 서로를 그리워하고, 모일 때마다 함께 즐거워하며,
아름답고 선하신 하나님의 뜻을 이루기 위해 힘을 모으게 하소서.
예수님의 이름으로 기도드립니다. 아멘.

"보라 형제가 연합하여 동거함이 어찌 그리 선하고 아름다운고"
_시 133:1

DATE   .   .

오늘의 말씀

아무것도 염려하지 말고 다만 모든 일에 기도와 간구로, 너희 구할 것을 감사함으로 하나님께 아뢰라 _빌 4:6

우리 가족의 기도

우리 가족의 감사

오늘의 미션

각자 금지어 정해서 하루 동안 사용하지 않기

오늘의 말씀

여호와는 마음이 상한 자를 가까이 하시고 충심으로 통회하는 자를 구원하시는도다 _시 34:18

우리 가족의 기도

우리 가족의 감사

오늘의 미션

벽에 롤링페이퍼 붙여 놓고 한 주 동안 서로에게 해주고 싶은 말 쓰기

DATE   .   .   .

오늘의 말씀

풀은 마르고 꽃은 떨어지되 오직 주의 말씀은 세세토록 있도다 하였으니 너희에게 전한 복음이 곧 이 말씀이니라 _벧전 1:24-25

우리 가족의 기도

우리 가족의 감사

오늘의 미션

서로 응원의 말 주고받으며 하이파이브하기

DATE   .   .   .

오늘의 말씀

무슨 일을 하든지 마음을 다하여 주께 하듯 하고 사람에게 하듯 하지 말라 _골 3:23

우리 가족의 기도

우리 가족의 감사

오늘의 미션

가족과 함께하고 싶은 것 서로 생각해 보기

오늘의 말씀

여호와는 은혜로우시며 긍휼이 많으시며 노하기를 더디 하시며 인자하심이 크시도다 _시 145:8

우리 가족의 기도

우리 가족의 감사

오늘의 미션

우리 가족 이름으로 3행시 만들기

DATE   .   .   .

오늘의 말씀

누구든지 나를 따라오려거든 자기를 부인하고 자기 십자가를 지고 나를 따를 것이니라 _마 16:24

우리 가족의 기도

우리 가족의 감사

오늘의 미션

서로 토닥토닥 안마해 주기

DATE   .   .   .

오늘의 말씀

여호와의 말씀이니라 너희를 향한 나의 생각을 내가 아나니 평안이요 재앙이 아니니라 너희에게 미래와 희망을 주는 것이니라 _렘 29:11

우리 가족의 기도

우리 가족의 감사

오늘의 미션

하루 동안 기뻤던 일, 슬펐던 일 함께 나누기

기도로 시작하게 하소서

우리의 기도를 들으시는 하나님,
사랑하는 우리 아이가 영적 호흡인 기도를 쉬지 않으므로
영적으로 건강하게 하시고,
기도로 하나님과 친밀한 교제를 나누며 살게 하소서.
다니엘과 느헤미야처럼 기도의 사람이 되게 하셔서
하나님의 뜻을 깨닫고 그 뜻을 이루는 삶을 살게 하소서.
깊은 기도의 영성을 주셔서
기도로 계획하고, 기도로 시작하고, 기도로 진행하면서,
기도로 하나님께 영광을 돌리게 하소서.
인생의 기쁨과 행복뿐 아니라
어려움과 시험 가운데서도 항상 기도로 승리하게 하소서.
예수님의 이름으로 기도드립니다. 아멘.

"구하는 이마다 받을 것이요 찾는 이는 찾아낼 것이요
두드리는 이에게는 열릴 것이니라"_마 7:8

DATE   .   .   .

오늘의 말씀

내 영혼아 여호와를 송축하라 내 속에 있는 것들아 다 그의 거룩한 이름을 송축하라 _시 103:1

우리 가족의 기도

우리 가족의 감사

오늘의 미션

마니또를 정해 특별히 사랑하며 섬겨 주기

DATE   .   .   .

오늘의 말씀

인자와 진리가 네게서 떠나지 말게 하고 그것을 네 목에 매며 네 마음판에 새기라 _잠 3:3

우리 가족의 기도

우리 가족의 감사

오늘의 미션

우리 집 가훈 정하기

DATE   .   .   .

오늘의 말씀

십자가의 도가 멸망하는 자들에게는 미련한 것이요 구원을 받는 우리에게는 하나님의 능력이라 _고전 1:18

우리 가족의 기도

우리 가족의 감사

오늘의 미션

다 같이 간단한 스트레칭이나 운동하기

DATE   .   .   .

오늘의 말씀

너의 행사를 여호와께 맡기라 그리하면 네가 경영하는 것이 이루어지리라 _잠 16:3

우리 가족의 기도

우리 가족의 감사

오늘의 미션

10년 뒤의 모습 이야기 나눠 보기

DATE   .   .   .

오늘의 말씀

나는 인애를 원하고 제사를 원하지 아니하며 번제보다 하나님을 아는 것을 원하노라 _호 6:6

우리 가족의 기도

우리 가족의 감사

오늘의 미션

인생네컷 사진 찍기

DATE . . .

오늘의 말씀

모든 성경은 하나님의 감동으로 된 것으로 교훈과 책망과 바르게 함과 의로 교육하기에 유익하니 _딤후 3:16

우리 가족의 기도

우리 가족의 감사

오늘의 미션

일상에서 가장 자주 느끼는 감정은 무엇인지 이야기하기

DATE   .   .   .

오늘의 말씀

우리가 알거니와 하나님을 사랑하는 자 곧 그의 뜻대로 부르심을 입은 자들에게는 모든 것이 합력하여 선을 이루느니라 _롬 8:28

우리 가족의 기도

우리 가족의 감사

오늘의 미션

각자의 소원 한 가지씩 들어주기

삶에 말씀을 적용하게 하소서

말씀으로 사람을 키우시는 하나님,
하나님께서 말씀하신 대로 이 세상이 만들어진 것처럼,
하나님의 말씀대로 우리 아이가 자라나게 하소서.
말씀이 없어 어두운 곳을 헤매지 않게 하시고,
말씀을 몰라 방향 없이 살지 않게 하소서.
하나님의 말씀이 우리 아이가 걸어갈 길의
빛이 되고 생명이 되게 하소서.
하나님의 말씀을 묵상함으로
매일 함께하시는 하나님을 경험하게 하시고,
하나님의 말씀에 순종함으로
하나님을 기쁘시게 하는 자녀가 되게 하소서.
예수님의 이름으로 기도드립니다. 아멘.

"갓난아기들같이 순전하고 신령한 젖을 사모하라
이는 그로 말미암아 너희로 구원에 이르도록 자라게 하려 함이라"
_벧전 2:2

DATE   .   .   .

오늘의 말씀

너희가 전에는 어둠이더니 이제는 주 안에서 빛이라 빛의 자녀들처럼 행하라 _엡 5:8

우리 가족의 기도

우리 가족의 감사

오늘의 미션

서로 등을 토닥이며 "오늘 하루 고생했어요"라고 말해 주기

DATE   .   .   .

오늘의 말씀

하나님이여 내 속에 정한 마음을 창조하시고 내 안에 정직한 영을 새롭게 하소서 _시 51:10

우리 가족의 기도

우리 가족의 감사

오늘의 미션

온 가족이 함께 음식 만들어 먹기

DATE   .   .

오늘의 말씀

노하기를 더디하는 자는 용사보다 낫고 자기의 마음을 다스리는 자는 성을 빼앗는 자보다 나으니라 _잠 16:32

우리 가족의 기도

우리 가족의 감사

오늘의 미션

하나님이 내게 주신 특별한 선물(재능)은 무엇이라 생각하는지 나누기

DATE   .   .   .

오늘의 말씀

이는 하늘이 땅보다 높음같이 내 길은 너희의 길보다 높으며 내 생각은 너희의 생각보다 높음이니라 _사 55:9

우리 가족의 기도

우리 가족의 감사

오늘의 미션

각자 가장 좋아하는 책에 대해 이야기하거나 일부분 읽어 주기

DATE   .   .

오늘의 말씀

하나님이여 사슴이 시냇물을 찾기에 갈급함같이 내 영혼이 주를 찾기에 갈급하니이다 _시 42:1

우리 가족의 기도

우리 가족의 감사

오늘의 미션

'나를 싫어하는 사람', '내가 싫어하는 사람' 위해 함께 기도하기

DATE   .   .   .

오늘의 말씀

우리가 아직 죄인 되었을 때에 그리스도께서 우리를 위하여 죽으심으로 하나님께서 우리에 대한 자기의 사랑을 확증하셨느니라 _롬 5:8

우리 가족의 기도

우리 가족의 감사

오늘의 미션

고린도전서 13장 함께 낭독하기

DATE   .   .   .

오늘의 말씀

오직 선을 행함과 서로 나누어 주기를 잊지 말라 하나님은 이같은 제사를 기뻐하시느니라 _히 13:16

우리 가족의 기도

우리 가족의 감사

오늘의 미션

함께할 수 있는 봉사활동에는 무엇이 있을지 이야기하기

하나님 앞에 혼자 있는 시간을 갖게 하소서

우리와 개인적으로 만나기를 좋아하시는 하나님,
우리 아이가 하나님 앞에 혼자 은밀하게 나아가
기도하는 것을 좋아하는 사람이 되게 하소서.
너무 바쁘게 살지 않게 하시고 하루 중 시간을 정하여
하나님과 홀로 있는 시간을 갖게 하소서.
하나님과의 깊은 교제를 통하여 먼저 자신이 변화되고,
하나님이 주시는 말씀과 능력을 공급받게 하소서.
홀로 있는 시간이 외롭고 두려워서
사람들을 찾거나 오락을 구하는 것이 아니라,
하나님께 나아가 혼자 설 수 있는 법을 배우게 하소서.
하나님과 혼자 있는 시간을 통하여 내면이 충실해지고
나아가 다른 사람들과의 관계도 풍요로워지게 하소서.
예수님의 이름으로 기도드립니다. 아멘.

"새벽 아직도 밝기 전에 예수께서 일어나 나가 한적한 곳으로 가사
거기서 기도하시더니"_막 1:35

DATE   .   .

오늘의 말씀

주의 인자하심이 생명보다 나으므로 내 입술이 주를 찬양할 것이라
_시 63:3

우리 가족의 기도

우리 가족의 감사

오늘의 미션

내일은 어떤 하루가 되었으면 좋겠는지 이야기하기

DATE   .   .   .

오늘의 말씀

너희 안에서 착한 일을 시작하신 이가 그리스도 예수의 날까지 이루실 줄을 우리는 확신하노라 _빌 1:6

우리 가족의 기도

우리 가족의 감사

오늘의 미션

보드게임 하며 즐거운 시간 보내기

DATE   .   .   .

오늘의 말씀

의를 위하여 박해를 받은 자는 복이 있나니 천국이 그들의 것임이라
_마 5:10

우리 가족의 기도

우리 가족의 감사

오늘의 미션

온 가족이 함께 모여 잠자기

DATE   .   .   .

오늘의 말씀

내가 평안히 눕고 자기도 하리니 나를 안전히 살게 하시는 이는 오직 여호와이시니이다 _시 4:8

우리 가족의 기도

우리 가족의 감사

오늘의 미션

다 같이 극장에 가서 영화 보기

오늘의 말씀

내가 가는 길을 그가 아시나니 그가 나를 단련하신 후에는 내가 순금같이 되어 나오리라 _욥 23:10

우리 가족의 기도

우리 가족의 감사

오늘의 미션

환경을 보호하기 위해 온 가족이 함께할 수 있는 약속 정하기

DATE   .   .   .

오늘의 말씀

항상 기뻐하라 쉬지 말고 기도하라 범사에 감사하라 이것이 그리스도 예수 안에서 너희를 향하신 하나님의 뜻이니라 _살전 5:16-18

우리 가족의 기도

우리 가족의 감사

오늘의 미션

함께 집안일 나누어 하기(설거지, 신발정리, 분리수거, 청소 등)

DATE   .   .   .

오늘의 말씀

사람이 마음으로 자기의 길을 계획할지라도 그의 걸음을 인도하시는 이는 여호와시니라 _잠 16:9

우리 가족의 기도

우리 가족의 감사

오늘의 미션

각자 고치고 싶은 나쁜 습관 이야기하기

말씀 안에서 양육하게 하소서

인자하게 깨우치시고 가르치시며 인도하시는 하나님!
저희가 오직 저희의 뜻을 이루기 위해
아이를 강요하지 않게 해주소서.
저희의 의욕과 욕심이 지나쳐서 아이를 힘들게 하거나
까닭 없이 화를 내어 아이의 마음에 상처를 주거나
아이를 무시하는 언행을 하지 않도록 도와주소서.
저희로 아이가 하나님이 맡겨 주신 귀한 생명임을
한시도 잊지 않게 하시고,
오직 주님의 교훈과 훈계로 깨우치고 가르치도록 도와주소서.
그래서 아이가 아름답고 밝고 곧고 지혜롭고 건강하게 자라게 하소서.
저희의 모습을 통하여 아이가
하나님 아버지의 모습을 그릴 수 있게 하소서.
예수님의 이름으로 기도드립니다. 아멘.

"또 아비들아 너희 자녀를 노엽게 하지 말고 오직 주의 교훈과 훈계로 양육하라"
_엡 6:4

DATE   .   .   .

오늘의 말씀

하나님이 우리에게 주신 것은 두려워하는 마음이 아니요 오직 능력과 사랑과 절제하는 마음이니 _딤후 1:7

우리 가족의 기도

우리 가족의 감사

오늘의 미션

서로에게 잘못한 일 나누고 미안하다고 말하기

DATE   .   .   .

오늘의 말씀

주께서 나의 슬픔이 변하여 내게 춤이 되게 하시며 나의 베옷을 벗기고 기쁨으로 띠 띠우셨나이다 _시 30:11

우리 가족의 기도

우리 가족의 감사

오늘의 미션

목사님과 교회를 위해 기도하기

DATE   .   .   .

오늘의 말씀

내가 보는 것은 사람과 같지 아니하니 사람은 외모를 보거니와 나 여호와는 중심을 보느니라 _삼상 16:7

우리 가족의 기도

우리 가족의 감사

오늘의 미션

예수님과 함께 시간을 보낼 수 있다면 무엇을 하고 싶은지 나누기

DATE . . .

오늘의 말씀

주 여호와는 나의 힘이시라 나의 발을 사슴과 같게 하사 나를 나의 높은 곳으로 다니게 하시리로다 _합 3:19

우리 가족의 기도

우리 가족의 감사

오늘의 미션

온 가족이 서로의 얼굴에 마스크팩 붙여 주기

DATE . . .

오늘의 말씀

하나님은 우리의 피난처시요 힘이시니 환난 중에 만날 큰 도움이시라
_시 46:1

우리 가족의 기도

우리 가족의 감사

오늘의 미션

각자 갖고 싶은 것 이야기하기

DATE   .   .   .

오늘의 말씀

그러므로 너희 죄를 서로 고백하며 병이 낫기를 위하여 서로 기도하라 의인의 간구는 역사하는 힘이 큼이니라 _약 5:16

우리 가족의 기도

우리 가족의 감사

오늘의 미션

몸의 아픈 부분 함께 나누고 기도해 주기

DATE   .   .

오늘의 말씀

나에게 이르시기를 내 은혜가 네게 족하도다 이는 내 능력이 약한 데서 온전하여짐이라 하신지라 _고후 12:9

우리 가족의 기도

우리 가족의 감사

오늘의 미션

온 가족이 함께 편의점에 가서 간식 나눠 먹기

하나님이 주시는 만족을 얻게 하소서

가장 좋은 것으로 채워 주시는 하나님,
우리 아이가 하나님께서 주시는 것으로 만족하며
감사하며 살게 하소서.
우리 아이가 세상의 모든 귀한 것은
오직 하나님으로부터 오는 것이란 믿음을 갖게 하시고,
하나님으로 채움 받기를 갈망하게 하소서.
다른 친구들과 비교하면서
자신에게 주신 것에 소홀하지 않게 하시고,
자신의 것에 만족하지 못해 불평하지 않게 하소서.
하나님께서 우리 아이에게 항상
최선의 길과 최고의 복을 주시는 것을 믿게 하소서.
예수님의 이름으로 기도드립니다. 아멘.

"우리가 무슨 일이든지 우리에게서 난 것같이 스스로 만족할 것이 아니니
우리의 만족은 오직 하나님으로부터 나느니라"
_고후 3:5

DATE   .   .   .

오늘의 말씀

사람을 두려워하면 올무에 걸리게 되거니와 여호와를 의지하는 자는 안전하리라 _잠 29:25

우리 가족의 기도

우리 가족의 감사

오늘의 미션

마태복음 5장 함께 낭독하기

DATE   .   .

오늘의 말씀

너희가 온 마음으로 나를 구하면 나를 찾을 것이요 나를 만나리라
_렘 29:13

우리 가족의 기도

우리 가족의 감사

오늘의 미션

서로 가장 예뻐 보이는 때가 언제인지 이야기하기

DATE   .   .   .

오늘의 말씀

주께서 심지가 견고한 자를 평강하고 평강하도록 지키시리니 이는 그가 주를 신뢰함이니이다 _사 26:3

우리 가족의 기도

우리 가족의 감사

오늘의 미션

할아버지, 할머니나 가까운 친척 어른께 안부전화 드리기

DATE   .   .   .

오늘의 말씀

가난한 자를 불쌍히 여기는 것은 여호와께 꾸어 드리는 것이니 그의 선행을 그에게 갚아 주시리라 _잠 19:17

우리 가족의 기도

우리 가족의 감사

오늘의 미션

주말 나들이 계획 세우기

DATE   .   .   .

오늘의 말씀

영생은 곧 유일하신 참 하나님과 그가 보내신 자 예수 그리스도를 아는 것이니이다 _요 17:3

우리 가족의 기도

우리 가족의 감사

오늘의 미션

"우리 가족이 되어 줘서 고마워. 넌 최고의 선물이야"라고 서로 말하기

DATE   .   .   .

오늘의 말씀

또 여호와를 기뻐하라 그가 네 마음의 소원을 네게 이루어 주시리로다
_시 37:4

우리 가족의 기도

우리 가족의 감사

오늘의 미션

함께 외식하며 즐거운 시간 보내기

DATE   .   .

오늘의 말씀

하나님의 어리석음이 사람보다 지혜롭고 하나님의 약하심이 사람보다 강하니라 _고전 1:25

우리 가족의 기도

우리 가족의 감사

오늘의 미션

뉴스를 보고 한 가지 내용을 정해 함께 기도하기

어려운 사람들을 긍휼히 여기는 마음을 주소서

긍휼이 풍성하신 하나님,
우리 아이가 주님의 심장으로
가난해서 굶주린 사람들, 몸이 아파 병중에 있는 사람들,
홀로 있어 외로워하는 사람들, 절망 속에 헤매는 사람들을
불쌍히 여기는 마음을 가지게 하소서.
그들을 돌보고자 하는 마음으로 공부하고 노력하고 성취하여,
자신만을 위한 이기적인 삶이 아니라,
소외되고 아픈 자들을 돌아보는 이타적인 삶을 살게 하소서.
그들을 도울 수 있는 손과 그들에게 베풀 수 있는 물질과
그들과 함께할 수 있는 시간을 주셔서,
생명을 살리는 사람이 되게 하소서.
세상의 작은 자 가운데 계시는 예수님을 대접하여
하나님을 기쁘시게 하는 아름다운 성품의 아이가 되게 하소서.
예수님의 이름으로 기도드립니다. 아멘.

"긍휼히 여기는 자는 복이 있나니
그들이 긍휼히 여김을 받을 것임이요"_마 5:7

DATE   .   .   .

오늘의 말씀

수고하고 무거운 짐 진 자들아 다 내게로 오라 내가 너희를 쉬게 하리라
_마 11:28

우리 가족의 기도

우리 가족의 감사

오늘의 미션

최근 한 달 중에 가장 행복했던 순간 이야기하기

DATE   .   .   .

오늘의 말씀

그러므로 누구든지 이 어린 아이와 같이 자기를 낮추는 사람이 천국에서 큰 자니라 _마 18:4

우리 가족의 기도

우리 가족의 감사

오늘의 미션

가장 친한 친구 소개하기

DATE   .   .

오늘의 말씀

해 돋는 데에서부터 해 지는 데에까지 여호와의 이름이 찬양을 받으시리로다 _시 113:3

우리 가족의 기도

우리 가족의 감사

오늘의 미션

좋아하는 찬양 함께 듣기

DATE   .   .   .

오늘의 말씀

네 짐을 여호와께 맡기라 그가 너를 붙드시고 의인의 요동함을 영원히 허락하지 아니하시리로다 _시 55:22

우리 가족의 기도

우리 가족의 감사

오늘의 미션

시편 1편 함께 낭독하기('복 있는 사람'에 각자 자기 이름 넣어서)

DATE   .   .

오늘의 말씀

그러므로 우리가 담대히 말하되 주는 나를 돕는 이시니 내가 무서워하지 아니하겠노라 사람이 내게 어찌하리요 하노라 _히 13:6

우리 가족의 기도

우리 가족의 감사

오늘의 미션

주위에 하나님을 전하고 싶은 사람 이야기하기

DATE   .   .   .

오늘의 말씀

환난 날에 나를 부르라 내가 너를 건지리니 네가 나를 영화롭게 하리로다 _시 50:15

우리 가족의 기도

우리 가족의 감사

오늘의 미션

가족 앨범 보고 추억 나누기

DATE   .   .   .

오늘의 말씀

그가 시험을 받아 고난을 당하셨은즉 시험 받는 자들을 능히 도우실 수 있느니라 _히 2:18

우리 가족의 기도

우리 가족의 감사

오늘의 미션

앞으로의 꿈이나 계획에 대해 나누기

하나님이 주시는 훈련을 잘 받게 하소서

주의 자녀를 강하게 세우시는 하나님,
우리 아이가 하나님이 주시는 훈련을
달게 잘 받을 수 있도록 도와주소서.
하나님의 훈련 과정을 잘 감당하여
강하게 단련된 주의 일꾼으로 세워 주소서.
힘에 겨운 삶의 순간들, 불공평해 보이는 세상의 일들,
이유를 알 수 없는 많은 일들이 있을지라도,
그것을 인생 훈련의 과정으로 여기고,
그 가운데 하나님의 뜻을 찾게 하소서.
선하신 하나님을 믿는 믿음으로 훈련을 잘 받아
더욱 성장하고 성숙한 사람이 되어,
모든 일에 주님의 쓰심에 합당한 준비된 인물이 되게 하소서.
예수님의 이름으로 기도드립니다. 아멘.

"도가니는 은을, 풀무는 금을 연단하거니와
여호와는 마음을 연단하시느니라"_잠 17:3

DATE . . .

오늘의 말씀

유순한 대답은 분노를 쉬게 하여도 과격한 말은 노를 격동하느니라
_잠 15:1

우리 가족의 기도

우리 가족의 감사

오늘의 미션

2개 중에 하나를 선택하여 말하는 이심전심 게임하기

DATE   .   .

오늘의 말씀

손님 대접하기를 잊지 말라 이로써 부지중에 천사들을 대접한 이들이 있었느니라 _히 13:2

우리 가족의 기도

우리 가족의 감사

오늘의 미션

서로에게 가장 듣고 싶은 말은 무엇인지 이야기하기

DATE   .   .   .

오늘의 말씀

그런즉 너희가 먹든지 마시든지 무엇을 하든지 다 하나님의 영광을 위하여 하라 _고전 10:31

우리 가족의 기도

우리 가족의 감사

오늘의 미션

각자 MBTI 나누고 서로를 이해하기

DATE   .   .   .

오늘의 말씀

내가 산을 향하여 눈을 들리라 나의 도움이 어디서 올까 나의 도움은 천지를 지으신 여호와에게서로다 _시 121:1-2

우리 가족의 기도

우리 가족의 감사

오늘의 미션

시편 23편 함께 낭독하기

DATE   .   .   .

오늘의 말씀

이같이 너희 빛이 사람 앞에 비치게 하여 그들로 너희 착한 행실을 보고 하늘에 계신 너희 아버지께 영광을 돌리게 하라 _마 5:16

우리 가족의 기도

우리 가족의 감사

오늘의 미션

다 함께 가까운 공원 산책하기

DATE   .   .   .

오늘의 말씀

구제를 좋아하는 자는 풍족하여질 것이요 남을 윤택하게 하는 자는 자기도 윤택하여지리라 _잠 11:25

우리 가족의 기도

우리 가족의 감사

오늘의 미션

요즘 내가 즐겨 보는 콘텐츠 나누기(유튜브, TV 프로그램 등)

오늘의 말씀

내가 새벽 날개를 치며 바다 끝에 가서 거주할지라도 거기서도 주의 손이 나를 인도하시며 주의 오른손이 나를 붙드시리이다 _시 139:9-10

우리 가족의 기도

우리 가족의 감사

오늘의 미션

서로에게 한 가지씩 칭찬하기

항상 하나님을 기대하게 하소서

공의로우신 하나님!
아이가 세상에서 하나님의 의를 구하는 자가 되게 하소서.
하나님의 의를 양식으로 삼아 살게 하시고,
하나님의 공의를 세상에 이루는 사람이 되게 하소서.
정의의 편에 서며 의로운 일을 좋아하는 사람이 되게 하소서.
정의를 행하며 인자를 사랑하며
겸손하게 하나님과 함께 행하게 하소서.
그렇게 함으로써 하나님을 기쁘시게 하고,
하나님의 영광을 드러내며,
하나님으로 말미암아 풍성한 삶을 누리게 하소서.
사슴이 시냇물을 찾아 헤매듯이,
아이가 하나님의 의를 갈망하게 하소서.
오직 하나님만으로 아이의 내면에 참된 만족이 되게 하소서.
예수님의 이름으로 기도드립니다. 아멘.

"의에 주리고 목마른 자는 복이 있나니 그들이 배부를 것임이요"_마 5:6

DATE   .   .   .

오늘의 말씀

아무에게도 악을 악으로 갚지 말고 모든 사람 앞에서 선한 일을 도모하라 _롬 12:17

우리 가족의 기도

우리 가족의 감사

오늘의 미션

평생 동안 꼭 한번 해보고 싶은 것 나누기

DATE   .   .   .

오늘의 말씀

강하고 담대하라 두려워하지 말며 놀라지 말라 네가 어디로 가든지 네 하나님 여호와가 너와 함께하느니라 _수 1:9

우리 가족의 기도

우리 가족의 감사

오늘의 미션

살면서 가장 큰 용기를 낸 경험 이야기하기

DATE   .   .

오늘의 말씀

너희가 서로 사랑하면 이로써 모든 사람이 너희가 내 제자인 줄 알리라
_요 13:35

우리 가족의 기도

우리 가족의 감사

오늘의 미션

특별히 좋아하는 성경 속 인물에 대해 함께 나누기

오늘의 말씀

지혜 있는 자는 궁창의 빛과 같이 빛날 것이요 많은 사람을 옳은 데로 돌아오게 한 자는 별과 같이 영원토록 빛나리라 _단 12:3

우리 가족의 기도

우리 가족의 감사

오늘의 미션

각자 생각하는 우리 가족의 가장 소중한 추억 나누기

DATE   .   .   .

오늘의 말씀

할렐루야 여호와께 감사하라 그는 선하시며 그 인자하심이 영원함이로다 _시 106:1

우리 가족의 기도

우리 가족의 감사

오늘의 미션

내가 받은 선물 중 가장 기억에 남는 것 이야기하기

DATE   .   .   .

오늘의 말씀

사람의 행위가 자기 보기에는 모두 정직하여도 여호와는 마음을 감찰하시느니라 _잠 21:2

우리 가족의 기도

우리 가족의 감사

오늘의 미션

스트레스를 푸는 나만의 방법 나누기

DATE   .   .   .

오늘의 말씀

너희는 여호와의 선하심을 맛보아 알지어다 그에게 피하는 자는 복이 있도다 _시 34:8

우리 가족의 기도

우리 가족의 감사

오늘의 미션

내가 요즘 배우고 싶은 것은 무엇인지 이야기하기

주 안에서 기뻐하게 하소서

영원한 기쁨의 근원이신 하나님!
아이에게 기쁨의 영을 부어 주셔서
항상 밝고 즐거운 삶을 살게 하소서.
세상의 명예나 물질이나 향락에서 오는
일시적인 기쁨을 찾는 것이 아니라
주님 안에 살면서 하나님으로부터 오는
영원하고 참된 기쁨을 찾게 하소서.
염려와 두려움은 속히 물러가게 하시고,
의지적으로 기뻐하고 감사하게 하소서.
모든 일에 기도와 간구로 감사함으로 주님께 맡기게 하시고,
모든 지각에 뛰어난 하나님의 평강으로
아이의 마음과 생각을 지켜 주소서.
예수님의 이름으로 기도드립니다. 아멘.

"주 안에서 항상 기뻐하라 내가 다시 말하노니 기뻐하라"_빌 4:4

DATE   .   .   .

오늘의 말씀

영접하는 자 곧 그 이름을 믿는 자들에게는 하나님의 자녀가 되는 권세를 주셨으니 _요 1:12

우리 가족의 기도

우리 가족의 감사

오늘의 미션

가족에게 도움을 받고 싶은 부분 이야기하기

DATE   .   .   .

오늘의 말씀

주의 말씀은 내 발에 등이요 내 길에 빛이니이다 주의 의로운 규례들을 지키기로 맹세하고 굳게 정하였나이다 _시 119:105-106

우리 가족의 기도

우리 가족의 감사

오늘의 미션

초성 게임하기

DATE   .   .   .

오늘의 말씀

네게 구하는 자에게 주며 네 것을 가져가는 자에게 다시 달라 하지 말며
남에게 대접을 받고자 하는 대로 너희도 남을 대접하라 _눅 6:30-31

우리 가족의 기도

우리 가족의 감사

오늘의 미션

요즘 나의 취미는 무엇인지 이야기하기

DATE . . .

오늘의 말씀

죄의 삯은 사망이요 하나님의 은사는 그리스도 예수 우리 주 안에 있는 영생이니라 _롬 6:23

우리 가족의 기도

우리 가족의 감사

오늘의 미션

성경 속 사건 중 어느 순간에 직접 가 보고 싶은지 이야기하기

DATE . . .

오늘의 말씀

삼가 모든 탐심을 물리치라 사람의 생명이 그 소유의 넉넉한 데 있지 아니하니라 _눅 12:15

우리 가족의 기도

우리 가족의 감사

오늘의 미션

나는 무엇을 할 때 가장 기쁜지 이야기하기

DATE   .   .   .

오늘의 말씀

그런즉 너희는 먼저 그의 나라와 그의 의를 구하라 그리하면 이 모든 것을 너희에게 더하시리라 _마 6:33

우리 가족의 기도

우리 가족의 감사

오늘의 미션

좋아하는 성경 구절 필사하기

DATE   .   .   .

오늘의 말씀

그러므로 우리는 긍휼하심을 받고 때를 따라 돕는 은혜를 얻기 위하여 은혜의 보좌 앞에 담대히 나아갈 것이니라 _히 4:16

우리 가족의 기도

우리 가족의 감사

오늘의 미션

전시회나 공연 보러 가기

분명한 자기 정체성을 가지고 살게 하소서

인생을 내시고 사랑하시는 하나님!
아이가 자신의 분명한 정체성을 가지고 살게 하소서.
하나님이 사랑하시며 기뻐하신다는 음성을
분명히 들으며 살게 하소서.
세상에서 자기의 소유나 다른 사람의 평가로
자신을 규정하지 않고,
하나님과의 관계를 통하여 자신의 정체성을 확인하게 하소서.
자신이 얼마나 하나님 앞에서 존귀한 존재이며,
얼마나 아름다운 존재로 지음을 받았는지 알게 하소서.
부정적인 자아가 자신을 비하하지 않게 하소서.
오직 하나님께 속한 자로서 자신을 밝히 보게 하소서.
예수님 안에서 진정한 자아를 발견하게 하소서.
예수님의 이름으로 기도드립니다. 아멘.

"하늘로부터 소리가 있어 말씀하시되
이는 내 사랑하는 아들이요 내 기뻐하는 자라 하시니라"_마 3:17

DATE . . .

오늘의 말씀

믿음은 들음에서 나며 들음은 그리스도의 말씀으로 말미암았느니라
_롬 10:17

우리 가족의 기도

우리 가족의 감사

오늘의 미션

3일간 휴식 시간이 주어진다면 무엇을 하고 싶은지 나누기

DATE   .   .   .

오늘의 말씀

주께서 내 영혼을 사망에서, 내 눈을 눈물에서, 내 발을 넘어짐에서 건지셨나이다 _시 116:8

우리 가족의 기도

우리 가족의 감사

오늘의 미션

하나님이 꼭 들어주셨으면 하는 기도제목 나누기

DATE   .   .   .

오늘의 말씀

여호와를 경외하는 것이 지식의 근본이거늘 미련한 자는 지혜와 훈계를 멸시하느니라 _잠 1:7

우리 가족의 기도

우리 가족의 감사

오늘의 미션

절대로 버릴 수 없는 물건은 무엇인지 이야기하기

DATE   .   .   .

오늘의 말씀

하나님의 나라는 먹는 것과 마시는 것이 아니요 오직 성령 안에 있는 의와 평강과 희락이라 _롬 14:17

우리 가족의 기도

우리 가족의 감사

오늘의 미션

가족에게 감사한 것 서로 나누기

DATE   .   .   .

오늘의 말씀

이스라엘을 지키시는 이는 졸지도 아니하시고 주무시지도 아니하시리로다 _시 121:4

우리 가족의 기도

우리 가족의 감사

오늘의 미션

가 보고 싶었던 맛집 찾아가기

DATE   .   .   .

오늘의 말씀

어찌하여 형제의 눈 속에 있는 티는 보고 네 눈 속에 있는 들보는 깨닫지 못하느냐 _마 7:3

우리 가족의 기도

우리 가족의 감사

오늘의 미션

기독교 영화 한 편 골라서 같이 보기

DATE   .   .

오늘의 말씀

무릇 자기를 높이는 자는 낮아지고 자기를 낮추는 자는 높아지리라
_눅 14:11

우리 가족의 기도

우리 가족의 감사

오늘의 미션

내가 상상하는 천국을 표현해 보기

아이의 마음과 생각을 지켜 주소서

마음과 생각을 주관하시는 하나님!
아이가 창조적이고 긍정적인 생각을 하도록 도와주소서.
두려움 대신 믿음을 선택하고, 불가능 대신 가능성을 생각하며,
어두운 면보다 밝은 면을,
부정적인 것보다 긍정적인 것을 보게 하소서.
마음을 지킨다는 것은 믿음과 소망으로
꿈을 지키는 것이라고 믿습니다.
모든 지각에 뛰어난 하나님의 평강이 그리스도 예수 안에서
아이의 마음과 생각을 지켜 주소서.
아이의 생각을 하나님의 생각과 일치시킬 수 있게 하시고,
하나님의 생명이 아이에게 풍성하게 나타나게 하소서.
예수님의 이름으로 기도드립니다. 아멘.

"모든 지킬 만한 것 중에 더욱 네 마음을 지키라
생명의 근원이 이에서 남이니라"_잠 4:23

DATE   .   .   .

오늘의 말씀

여호와의 이름은 견고한 망대라 의인은 그리로 달려가서 안전함을 얻느니라 _잠 18:10

우리 가족의 기도

우리 가족의 감사

오늘의 미션

나는 어느 때 사랑받는다고 느끼는지 이야기하기

DATE . . .

오늘의 말씀

아버지께서 나를 사랑하신 것같이 나도 너희를 사랑하였으니 나의 사랑 안에 거하라 _요 15:9

우리 가족의 기도

우리 가족의 감사

오늘의 미션

1시간 동안 휴대폰 사용하지 않고 가족과 대화하기

DATE   .   .

오늘의 말씀

한결같지 않은 저울 추는 여호와께서 미워하시는 것이요 속이는 저울은 좋지 못한 것이니라 _잠 20:23

우리 가족의 기도

우리 가족의 감사

오늘의 미션

내가 가진 보물 하나를 꼽는다면 무엇인지 이야기하기

DATE   .   .   .

오늘의 말씀

무엇보다도 뜨겁게 서로 사랑할지니 사랑은 허다한 죄를 덮느니라
_벧전 4:8

우리 가족의 기도

우리 가족의 감사

오늘의 미션

하나님이 만드신 것 중에 가장 신기하다고 느끼는 것 이야기하기

DATE   .   .   .

오늘의 말씀

내가 궁핍하므로 말하는 것이 아니니라 어떠한 형편에든지 나는 자족하기를 배웠노니 _빌 4:11

우리 가족의 기도

우리 가족의 감사

오늘의 미션

요즘 즐겨 듣는 음악 함께 나누기

DATE   .   .   .

오늘의 말씀

나의 영혼아 잠잠히 하나님만 바라라 무릇 나의 소망이 그로부터 나오는도다 _시 62:5

우리 가족의 기도

우리 가족의 감사

오늘의 미션

나에게 힘을 주는 말은 무엇인지 이야기하기

DATE   .   .   .

오늘의 말씀

의인의 길은 정직함이여 정직하신 주께서 의인의 첩경을 평탄하게 하시도다 _사 26:7

우리 가족의 기도

우리 가족의 감사

오늘의 미션

가족여행으로 가고 싶은 곳 함께 정하고 계획 세우기

약할 때 긍휼을 베푸소서

긍휼이 많으신 하나님!
아이가 평생 동안 주님의 긍휼하심을 입기를 원합니다.
사람은 부족하고 연약하여 때로 잘못하고 실수도 많습니다.
주님은 긍휼이 크시니 불쌍히 여기셔서
용서하시고 새로운 기회를 주소서.
아이에게 허물을 깨닫고 뉘우치며 회개하고
주님께 돌이키는 심령을 주시고,
아이가 하나님의 사랑과 주님의 자비를
힘입을 수 있도록 도와주소서.
몸이 아프거나 마음이 힘들거나 영혼이 지쳤을 때도
주님의 베푸시는 은혜와 긍휼로 말미암아
모든 것이 회복되게 하소서.
예수님의 이름으로 기도드립니다. 아멘.

"이웃과 친족이 주께서 그를 크게 긍휼히 여기심을 듣고 함께 즐거워하더라"
_눅 1:58

우리 가족 기도·감사 노트

1판 1쇄 인쇄 2025년 10월 15일
1판 1쇄 발행 2025년 10월 20일

발행인	조애신
편집	이소연
디자인	임은미
마케팅	전필영
경영지원	전두표

발행처	도서출판 토기장이
주소	서울시 마포구 동교로 71-1 2F
출판등록	1998년 5월 29일 제1998-000070호
전화	02-3143-0400
팩스	0505-300-0646
이메일	tletter77@naver.com
인스타그램	togijangi_books_

ISBN　　978-89-7782-560-4

- 이 책은 저작권 법에 따라 보호를 받는 저작물이므로 무단 전재와 무단 복제를 금합니다.
- 이 책의 전부 또는 일부를 이용하려면 반드시 저자와 도서출판 토기장이의 동의를 받아야 합니다.

도서출판 토기장이는 생명 있는 책만 만듭니다.
"우리는 진흙이요 주는 토기장이시니 우리는 다 주의 손으로 지으신 것이니이다" (이사야 64:8)